Hwang Kum-Chan

시인 황금찬

고향의 소나무

황금찬 시집

고향의 소나무

시학
Poetics

■ 시인의 말

낙엽 몇 잎을 모았다.
시집이라 했다.
모두 버려야 하는데
아직도 미련이 남았다니 신기하다.
마지막 한 잎은 언제 지고 말까?
그것을 모르는 것이 시인인가 한다.
마지막 편지엔 사연은 담지 않고
5월에 진 꽃잎 한 장을 담으리라.
레이베트라의 밤 뻐꾸기는 그래도,
그래도 울고 있겠지.

감사합니다.
시학사에 몇 번이고
이 말을 되풀이할 것입니다.

2008년 5월
황금찬

차 례

■ 시인의 말

제1부 작은 소망

네 음성　15
발소리　16
전화　18
다뉴브 강　20
말하라　23
낡은 시집　24
늦게 핀 장미　25
5월　26
가장 먼 것은　27
봄날의 기도　28
춤을 춘다　30
몽골의 하늘　33
작은 소망　36
하나님의 뜻을 따라　38

제2부 물푸레나무

12개의 별이 뜬 하늘　45
복숭아꽃과 달　48
내 고향 사람들에게　50
우주의 생명은 물이다　54
우리들이 심은 연극 예술의 고향　56
물푸레나무　60
빈방　62
여름이 가고 있다　63
소나무와 아버지　66
강릉 비경의 문 열리다　68
시인의 선물　70
늙고 병든 손　72
편지　75

제3부 구름

그날을 생각하며 79
가을이 오고 있다 80
20년 만에 찾은 시집 82
구름 84
소리 86
아침 87
꽃 88
만년필 89
가고 싶던 곳 90
매화나무집 92
새벽 바다 94
하루 96

제4부 사랑하면 닮는다

겨울 바다　99
눈 내리는 소리　100
물　101
생명　102
꿈이 있어라　103
영원하라 '송파'　104
물리학자의 말　107
추상의 그림　110
사랑하면 닮는다　112
운명론　114
변신한다　116

제5부 한강

한강 · 1 　　121
한강 · 2 　　126
한강 · 3 　　131
한강 · 4 　　138
한강 · 5 　　144

제1부
작은 소망

네 음성

엘로이즈
네가 부른다면
저 사마르칸트에서라도
네가 부른다면
아벨라르가
열 번이라도
후회 후회하지 않으리

발소리

운혜를 끌며
풀잎을 밟는다
물방울 소리

당초무늬의 신을 들어
꽃잎을
밟았다

건반 악기의
피아노 소리

가고 있다
저 하늘가

환상의 악기
비올라 독주

이제 당혜

운혜 다 버리고
여울목에 섰다

합창 교향곡이
장엄하게 연주된다
과거와
미래도
같이 흐르고 있다
역시 삶이란 합창 교향곡인가

전화

전화기가 울려 수화기를 들었다

여기는 캐나다
수옥입니다
선생님이시죠?

그렇습니다
일 년 반 만입니다

그렇게 소식이 없습니까?

선생님
소식 듣고 싶은 마음이
왜 없었겠습니까
하지만
전화를 걸었다가
누군가(며느님)
전화를 받으며

"아버님은 몇 달 전에
가셨는데요"

"이 대답이 무서워서
전화를 못했습니다"
나는 그 전화기를
놓지 않았다

다뉴브 강

다뉴브 강가에 섰다
그날같이
구름은 낮게 떠 있고
물새들은 구름 위를 날고 있다
22년 만에
다시 선 추억의 강
지수는
강물만 보고 있다가
"저도 많이 늙었지요"
"아니요,
지금도 그날 같은걸
변한 것은 나와 친구들뿐이고"
처음 만났을 땐
여러 분이었지요
시인들만 15명
모두 안녕하지요
아니요,

그중에서 문을 닫은 시인도 있습니다
조병화 시인
박태진
유경환 김영태
여러분이 가셨습니다
뵈었으면 기뻤을걸
시인들은 단명한답니다
그렇다고 모두란 뜻은 아니고
여성도 단명한답니다
다란 뜻은 아니고
우리는 커피를 마셨다
언제 가십니까?
저는 내일 떠납니다
고향 서울엔 안 오십니까
지수에게 물었다
어쩌면 금년 12월에
서울 고향에 갈 것 같습니다

그날을

기다릴까요?

다뉴브 강은 흐르고 있다

말하라

구름을 닫고 있었지
열고 싶네

열어 놓고 있자
닫고 싶어진다

그 까닭을 몰라
북한산 인수봉에 물었지

그 이치를 알았다면
내 산이 되었으랴

적도대 별자리
심성에 물어보라

달도 태양도
모르리라

낡은 시집

낡은 시집에선
시인의 음성과
병든 체취가
잠들지 않고
앉아 있다

늦게 핀 장미

장미 밭에 늦가을 장미 몇 송이가 피어 있다
장미꽃을 바라보며 남향으로
거미들이 고층 아파트를 지어 걸어 놓았다
거미들이 기다리는 입주객은
나비 잠자리 날개 있는 메뚜기 떼
입주객은 오지 않고
아침 이슬이 거미줄에 걸려
울고 있다

5월

5월은
천사의 달이라고 했다

모든 행복을
5월이 실어 오고 있었기 때문이다
그래 말했다
우리들에게
5월이 없다면
저 손바닥 안에 피는
꽃과
머리 위에서 파도 치는
녹음을
옛 이야기 속에 두었으리라

나의
5월은
옛 이야기

가장 먼 것은

우리에게서
가장 먼 것은 무엇일까
새벽하늘에 뜨는
별이다

그보다 더 먼 것이 있다
닫고 열지 않는
그 여인의
사랑이다

멀고 가까운 것은
눈에 있지 않고
마음에 있다

봄날의 기도

한 알의 밀이 이 봄날
땅에 묻히다
세월이 흘러간 뒤
백천 개의 밀을
다시 찾았다

이 하늘의 이치를
아는 사람만이
하늘의 문을 열 수 있으리라

이 봄날
내 이웃을 위하여
사랑의 옷을
밀알처럼 땅에 묻힌 것을

이제 내가 가고 나면
그 자리에
무엇이 남을까

하나님

이 봄날 제가 한 알의 밀이 되어

여기 묻히게 하여 주십시오

춤을 춘다

춤은 생명운동이다

바다는
파도가 춤이요
바람은 구름을 춤추게 한다

나무들이 흔들린다
풀잎이 바람에 날리고 있다
손이 닿지 않는 곳의 꽃들이
웃고 있다

새들은 구름 속을 날고
소녀들의 머리 위에
나비들이 날고 있다

앨버트로스가
바다에 내릴 때

그 날갯짓이
세기의 발레리나들을
큰 눈물에 젖게 한다

리듬은
질서다
질서는
힘이다
힘은 생명이다

솔거는
신라 진흥왕 때의 화가다
그의 그림에는
손이 움직이고
울음소리가 들린다

리듬과 질서가 없으면

다 죽어 있는 것이다
춤추라
산 모습을 보여 달라

몽골의 하늘

해를 따라
구름을 따라
길 아닌 길을 더듬어 가면
홉수굴누르 호수
그 맑고 빛나는 물기슭에
열두 번쯤 닦은 얼굴의
달이 앉아 있다

몽골
언제던가 우리 옷깃을 풀고
야크와
말을 달려
앞에 서고 뒤따랐지
우리는 손을 잡았네
인정이 산을 넘고
사랑이 강물이었지

울란바토르

그날 나는
사랑을 주고
인정을 받아 잡초길 위에
소낙비처럼
뿌려 보았네
소녀야
몽골의 하늘빛 같은
소녀들아
그 마음으로 말하라

해발 천육백 미터
길이 없는 길에
정이 들었지
꿈 같은 염호
새들의 날개가
지중해 파도로 날고 있어라

내가 오늘 찾아가리니

그래 구름 헤치고 찾으라
아네모네
저 꽃 들판이 정답구나!
내 이제
몽골의 마음을
여기서 찾으리라

가고 오는 허공이 멀다고 하지만
내 마음은 그대 안에 있고
그대 또한 내 마음 안에
있어라

작은 소망

이 소망 이루는
날
기다리고

모래 위에 쓴
네 이름

카푸치노 커피를 팔고 있는
찻집의 이름이다

동해 바닷소리
가득한
네 이름의 집에 앉아
구름을
커피 잔에 부어
너와 같이 마시고 싶다

이것이 오늘의

작은

나의

소망이다

이루어지려나

하나님의 뜻을 따라

2008년의 새 아침이 문을 연다
어제의 하늘이 아니고
새 하늘이다
그 하늘에 새로운 태양이 솟는다
이 아침에
마음을 정결하게 하고
하나님의 참뜻을 받아들이라

새해에는 우리들 사명의 뜻을 받아
세 나라를 찾아 거기서 보고 얻은
하나님의 큰 뜻을
50억 인류의 마음 안에
강물로 흐르게 하리라

세 나라는
1. 천사들의 나라
2. 꽃들의 공화국
3. 악마들의 제국

여행을 끝낸 성인들의 보고
천사의 나라에는
미운 말이 없고
절대 아름다운 말뿐이다
그래 천사의 나라라고 한다

꽃들의 공화국엔
말이 없다
모든 의사의 표현은
표정으로 보인다
밉고, 천함과 악함은
표정으로 보일 수가 없다
사랑과 평화
아름다움과
남을 기쁘게 하는
표정만을
갖추고 있다
그래 꽃이다

그들의 나라가 꽃의 공화국이다

악마들의 제국에는
욕심과 시기와 질투
살생 패망 저주
맹수들의 발톱 이빨
이런 말들이 들끓고 있다
그래 악마들의 제국이 된 것이다

이해에 우리들이
그 삼국을 여행하고 돌아오면
하나님의 뜻을 받아 세 나라의 여행기를
강물같이 쓸 것이다
악마의 제국 거기서 높은 자리에
앉아 있으면서
천사의 흉내를 자랑하고
꽃 나라의 시민이라고
불을 켜는 이들을

이해에는 하나님의 용서와
주님의 사랑으로
그들을 사랑하게 하여 주십시오

이해에 우리들이
할 일은
이해와 용서입니다
하나님 힘을 주십시오
주님이 가신 그 발자국을
따라가게 하여 주십시오
하나님

제2부

물푸레나무

12개의 별이 뜬 하늘
— 새문안교회 120주년 축시

그날 우리 하늘을 찾으신
예수님은
구원의 종을 울리며 오셨습니다
아침하늘 태양나무에
종을 걸고 바다 가득히
울렸습니다

그 종소리에 귀를 연
새문안교회 가족들이
거리와 방향은
기억 속에 두지 않고
우리 새문안교회로
발길을 열었습니다
십 년이 지나면
신앙의 하늘에 별이 한 개씩
새로 뜨곤 하였습니다

여기는 대한민국

사랑의 빛깔처럼 아름다운
서울입니다
그 하늘에 신앙의 별을 심은
새문안 신앙인들과
또 이웃 교회 신앙인들이 심은
신앙의 별이 빛나고 있습니다
하나님의 별들이 더 크고
빛날 수 있도록 신앙의 은혜를 주십시오

새문안교회 하늘엔
이미 12개의 별이 떠서
빛나고 있습니다
하지만 우리들이
기도로 원하는 것은
이 세상 어느 하늘의
신앙의 별보다
더 크고 찬란한 별들이 빛나도록
하나님 축복하여 주십시오

우리들이 드리는
신앙의 기도로 세계의 평화를 부르고
사랑의 꽃이 허공과 이 땅에 피어
하나님의 나라가
이 세계 위에
영원히 피어 있기를
새문안교회 가족들이 마음을 모아
하나님께 기도드리게 하여 주십시오
역사의 별은 영원히 떠오를 것입니다

복숭아꽃과 달

유리문 앞에
돌복숭아나무 한 그루가 서 있다
돌복숭아는 열매보다 꽃이 곱다

십 년 전에
내 키보다 큰 나무를
여기에 옮겨 심었다

복숭아꽃 철이 되면
새벽 두 시나 세 시 사이에
창문을 열고
나무 밑에 서서
꽃잎이 열리는 소리를
귀에 담으려고 했다

달은 언제나
나보다 먼저 와 가지에 앉아 있다
꽃잎이 열리기를 기다리는 마음은

한 시간이
하루 같다

달은
화뢰 위에 앉아
해가 뜰 때까지
입질을
바람으로 날리고 있었다

내 고향 사람들에게

절망과 희망 그 사이에
강물이 흐르고 있는가
아니다
다만 문이 한 개 달려 있을 뿐이다
그 문 양쪽 벽면엔
거울이 한 개씩 달려 있다

희망의 문을 열면
내일의 행복이 거울 속에 담겨 오고
절망의 문을 열면
내일의 불행이 담겨 온다

노르웨이 북쪽에
트롬쇠라는 섬도시가 있다
그곳 여름엔
밤이 5분도 없고
겨울이면
낮이 10분도 없다

그곳에서 시민들이 생활하고 있다

낮이 없고
밤이 없는 곳에서
어떻게 살아갑니까?
내가 그들에게 물었다
여름엔 겨울을 기다리며 살고
겨울이면 여름을 기다리며 살지요
나는 그곳에서 며칠 살면서
그들의 생활 철학 책 몇 권을
크게 읽었다고 생각한다

2007년
7월 5일 아침 8시 반
우리들이 기다리고 있는 소식은 아니었다
절망의 문이 열리고 말았다
평창의 우리들의 꿈은
몇 조각으로 부서지고 말았다

내 고향 사람들에게
무슨 말로 위로할 수 있을까
트롬쇠 시민들의 말을
들려 드리고 있다

행복이 영원하지 않듯이
불행은 더 길지 않다
내 고향 친구들이여
불행의 시간은
행복의 시간보다 짧다고 생각하라

오늘이 가면
내일은 반드시 문을 연다
그 내일의 소망을 실어라
고향 사람들이여

우리들에게 가장 큰 적은 무엇일까
소망을 버리는 일이다

소망을 버리면 내일이 없다
내일을 버리는 사람처럼
불행한 사람은
이 세상에 다시 없으리라

오늘의 절망과 눈물을 버리자
그리고 꽃구름으로
빛나게 장식된 내일을
불러들이자

우주의 생명은 물이다

하나님이 최초로 하신 말씀이
우주 거기 생겨라 하셨다
두 번째 하신 말씀
물이 있어라 하셨다
이 우주 안에 있는 생명체들은
모두 물에서 생겼다

물은 생명체들의
고향이요
어머니다

이 지구에 물이 없는 날이
온다고 한다면
그날은 천하의 생명체들이
주검에 머무는 날이요
우주의 문이 닫히는 날이다

물은 살아 있는 것들의

생명이며

기다리는 내일이다

지금 전 인류가 한뜻으로

해야 할 일은

전 우주와 물을 있게 하신

하나님에게

물의 끝 날이 오지 않게 해 달라고

오십억의 마음을 보석의 잔에 담아야 한다

우리들이 심은 연극 예술의 고향
― 신협

구름의 문을 열고
출발의 깃발을
높게 휘날렸지
종을 울리며
연극 예술의 혼을 같이하는
선배와 후배들 예술의 불꽃을
그리스 아테네의 성화를
아테나에게서 받아
우리들에게로 돌아온 지
60년―

잠든 운명을 눈뜨게 한
오이디푸스 왕과 이오카스테
신협은
살아 있게 보여 주었지

아버지도
왕자 햄릿을 잃은

비운의 여인 오필리아
그가 주검에 이르는 비극성
눈물로 보여 준
명연기의
신협

느릅나무 밑의 욕정이나
욕망이라는 이름의 전차
이 극을 우리에게 보였을 때
신협은 새로운 강물이었다
그때의 감격을
우리들이 어찌 역사의 한 과정이라
나뭇잎처럼 책장을
덮을 수 없어라

파우스트는 어디에 있으며
메피스토펠레스 지금 울고 있다
우리들은 보았다

아! 어찌할까
신협 그 주역들이 오늘을 떠나
모두 내일로 발을 옮기고 있거니
어찌할거나
이제 풀잎으로 성을 쌓고
사랑으로 강을 막아
변하고 있는 꽃잎들을 그 자리에
머무르게 해야 하고
변화는 금빛 하늘 지팡이로 여기고
무지개로 불러라

신협이 새로 올려야 할 무대는
오늘도 꿈을 꾸고 있다
차범석의 하늘 무대
하유상의 강물이며
이근삼 무지개
오영진 꽃구름
우리의 신협은 늙지 않는다

병들지 않고

내일이 오고 있을 뿐이다

물푸레나무

인간을 위해
희생하려 솟아난 나무여
누구도 네게
어제를 말하지 않고 있구나

네가 어렸을 땐
훈장님의 손에
회초리가 되어
시인과 어진 선비로 부르고
내일을 문 열었지
물푸레나무

이 땅 농기구들의 자루는 모두
네 이름 물푸레나무
소와 사람이 끄는 발구채
낚싯대
도리깨
맹수를 찌르는 창 자루

너를 깎아

구름자리를 짜기도 하고

물푸레나무

누군가 손을 들고

네게 고맙다는 말 한 마디

인색하구나

물푸레나무

오늘 매미 두 마리가

네가 말하는 내일을 밀고 있구나

빈방

문을 열고 들어섰다
성춘복 시인과 같이
김영태 시인이 앉아 있던
의자
그대로이나
지문까지도 싸늘히
말이 없다
책상 앞 벽면에
그림 한 장이 걸려 있다
김영태 시인의
숨소리가 들리는 것 같다
그러나 말이 없었다
빈방이다
돌아서는 두 사람의
등이 서리다

여름이 가고 있다

바람이 구름을 몰아
산허리를 덮는다
계곡의 물소리가
울고 있다

숲에서 여름을 노래하던
그 가족들은
산가의 문을 닫고
열지 않는다

참으로 아름다웠지
5월과
6월
장미 안개 밭에
춤을 추고
피그말리온의 손은
쉬지 않았다

일어나고 있는가
여름 여자
아프로디테
네 옷섶이 젖고 있구나

이젠 그 언덕에
로렐라이의 노래도
꿈을 꾸고
강물은 흐르고 있다

물들지 말아라
여름 잎들아 저 사철의 소나무를
생각하라
파가니니의 악기에는
연화도 흐르지 않는다

묻고 있다
시간이 흐르고 있는가

시간은 가고 오는 것이 아니다
바위처럼 그 자리에 있다
가고 오는 것은
우리들의 마음이다

천 년 다시 천 년
그 자리에 박혀 있는
아! 우리들은
영원하리라

소나무와 아버지

소나무는 사람의 성품을
사람만큼 가지고 있다
아버지는 소나무를
친구 중의 친구로
사귀고 계셨다

혼자 외로우실 때
소나무 숲을 찾아가신다
작은 초막을 세우고
그곳에서 열흘이고 보름
소나무와 같이
생활하다 오신다

가족에겐 못할 말이 있어도
소나무 친구에겐
못할 말이 없다
옛 사람들이 살던 집은
소나무와 흙으로만 지었는데

그 두 가지가
사는 이의 성품을 닮았기 때문이다

친구 사이에도
금이 가는 일이 있지만
소나무와의 우정에는
진실이 있을 뿐이다

강릉 비경의 문 열리다

여기 신비의 구름이 성문을 닫았다
저 신라의 사선들이
경포 호숫가에 길을 열고
채색 깃발의 배를 허공에 띄웠느니
정철의 먼 기침 소리
사연의 파도는 멎지 않았다

강릉은 신비의 고향
우리들의 선경
그 하늘의 구름문을 반만 열었을 뿐
비단실 꽃발로 마음의 고향을 걸고
바다에 귀를 찾은 이 드물었다

사임당이 안개에 붓을 풀어
고향의 풀벌레까지 눈을 뜨게 했고
바람의 시인
난설헌이 채련곡 사랑의 시를
연잎처럼 호수에 띄웠어라

여기 계절이 없는 바람이 있어
고향 강릉의 옷깃을 열고
잠들어 가는
천 년 다시 천 년 신 끄는 소리를
눈뜨게 한 시인 청림이
문을 연 가슴의 책이 있다

우리들의 고향
강릉은
시의 고향이요 그림의 뜰이다
여기에서 강물로 이어 간
어제의 시인들이 다시 호흡하는
숨소리를 들어라

고향 강릉은 영원히 시의 가슴으로
여기 살아 있어라
시인 청림에게 열 번쯤 말하리라
고마운 일이라고―

시인의 선물

8월 어느 날이다
태양이
땀에 젖은 바람을
손끝으로 물을 치듯이 뿌리고
나는 4호선 지하철을 타고
수유리 쪽으로 가고 있었다

노인석에서 맞은편 젊은 자리에
앉아 있던 한 청년이 일어서며
내게 목례를 했다
어디서 만난
젊은 시인이다
그러나 이름이 기억 안에 있지 않았다
들고 있던
선자를 내게 주며
"새 부채가 아닙니다
더운데 부치시지요"

사양하지 않고
받아서 폈다
세월의 풀잎들이 그려져 있었다
한 가운데 '聖' 자가 씌어져 있고
그 옆엔 구름이 한 조각 떠 있다

그 선자는 보물로 변신하여
손안에 놓여 있다
젊은 시인의 이름은
지금도 기억나지 않는다

늙고 병든 손

촛불이 꺼지고 들고 있던 열쇠를
어둠 속에 떨어뜨렸다
미미는 보이지 않는 열쇠를 찾고 있었다
그때 마침 옆집에 살고 있는
시인 로돌포가
어둠 속에서 같이 찾고 있었다
보이지도 않는 열쇠를

로돌포는 미미의 손을 잡았다
어둠 속에서
미미의 손이 얼음처럼 차다
왜 이리 손이 찰까
제 손을 만져 주는 사람이
지금까지 없었습니다
내가 미미의 손을
6월 장미꽃잎으로 피어나게 하리라

― 푸치니 〈라보엠〉에서

   늙고 병들어 그리하여
   차고 찬 손이 여기 있다
   미미의 손보다 더 차고
   거칠 것이다
   어느 시인이 늙어 버림받은
   손을 만져
   따뜻한 손이 되게 할까
   오르페우스가
   에우리디케를 사랑하듯
   또는 리라를 연주하며
   그 슬픈 손을 찾아올
   시인이 있을까
   릴케의
   먼 병상을 찾은

폴 발레리같이
시인의 손을 펴라
이 가련한 미미

5월 바람 속에 있게 하라

시인아

편지

사연은 없고
두 장의 꽃잎
천사의 마음이면
읽으시리다

제3부

구름

그날을 생각하며

새들의 알은
절대로 부서져야 한다
그래야 병아리들이 생겨
새들의 국가를 이어 갈 것이다

그러나 X탄이
폭발하지 않았다면
그 어느 도시와
또 그 어느 광장의
어린이들이
핏물이 넘치는
호숫가에서
숨을 거두면서
"아! 목이 마르다"
그 말은 하지 않았을 것이다

가을이 오고 있다

들꽃 몇 송이를 들고 와
여름 의자에
던지고
손을 들어
구름을 부른다

파도가 돌아서듯
그렇게 돌아서 간다

여름은 아주 위대했지만
오르페우스의 악기처럼
얼마큼 눈물이 있다

기도하는 베드로의 아침이다
여름 과실이
몇 개 떨어진다
풀벌레들이 울고 있다

어느 성군이 눈을 감을 때
풀벌레들이
저렇게 울었으리라

베드로의 기도는
끝나지 않았다

20년 만에 찾은 시집
― 조재은에게

    언젠가 20년 전
    선생님 책에 서명 받고
    20년 후 재서명을 받은
    조재은입니다
    선생님이 주신 차향을 아직 기억하고
    그 향은 20년이 넘어도 변함이 없습니다
    감사합니다
    2007. 11.
    조재은 드림

저서를 내게 보내며
증정사로 쓴 글이다
한 20년 만에 이국에서
고향 친구를 만난 것 같다

시골 어느 시장엘 갔다가
작은 서점이 있기에 들렀다
진열대 끝자리에

먼지를 덮고 앉아 있는
20년 전에 출판한 내 시집
한 권을 찾았다
값은 묻지도 않고
먼지를 털며 가슴에 안았다
긴 세월
너를 찾는 이 그래 한 사람도
없더란 말이냐
누군가 울고 있었다

내게 책을 증정한 그 풀잎 같은 손
세월과는 관계도 없이
6월 장미꽃이 피고
『시선과 울림』
손 닿는 곳에 두고
울지 않게 하리라

구름

흰 구름은
바람을 부르지 않는다
저 남극이나 북극 그 빙해의
바다를
생각 밖에 둔 사람은
구름의 일생을 생각할 수 없다

목련꽃이
하얗게 춤을 추는 것도
저 구름을
사랑하고 있기 때문이다

차이코프스키의
〈바이올린 협주곡〉 1악장을
사랑하고
때론 울기도 하는 것도
저 구름이 있기 때문이요
또 눈물이 마르지 않기 때문이다

사랑하라
구름의 내일을 소망 안에 둔 사람이
〈라트라비아타〉의
제르몽이 될 수 있으리라
내게 내일이 있고
쇼팽의 피아노를 좋아할 수 있는 것도
다 구름을 사랑하고 있기 때문이다
나는 구름을 사랑하고 있다

소리

악기 소리 중에서
가장 아름다운 소리를 말하라
베토벤이
쇼팽에게 물었다
피아노 소립니다

파가니니에게 물었다
바이올린 소립니다

어느 시인에게 물었다
피나무 잎에 떨어지는
저녁 빗방울 소립니다

베토벤은
귀를 막고 말았다

아침

마지막 잎이 지듯
아침 나뭇가지에 앉았던
새가 날아간다
도봉이나
북악으로 날개를 폈으리라
잎도 새까지 없는 아침은
르누아르의 그림 같다

꽃

꽃은
모든 꽃은 다
웃는 모습입니다
소녀야 다시 소년아
니들도
꽃 모습을 닮아라

만년필

만년필을 잡고
네 이름을
생각한다
모래 위에 쓴 네 이름은
두 줄의 무지개
만년필로 썼다
파란 옷고름—

가고 싶던 곳

체코 프라하를 찾은 이유는
몇 가지 소망이 있었기 때문이다

안토닌 드보르자크의 고향이고
라이너 마리아 릴케의 생가
카프카가 살던 집
이 모두가 나를 부르고 있었다

이 그리운 사람들 외에
가슴이 타도록 보고 싶은 사람이 있었다
저 프라하의 봄을 부르고 있던
둡체크
자유의 깃발 속에서
하늘을 부르며 행진하던
대학 학생들
양파라치
그 주검 앞에서 눈물 없이
어머니는 말했다

"사랑하는 아들아
너는 죽은 것이 아니다
저 파도치는 애국학생들의 가슴속에
오늘도 그리고 영원히
살아 있을 것이다"

그 주검 앞엔
꽃들이 작은 산을 이루었다
그곳을 보기 위하여
체코 프라하를 찾은 것이다

나는 그들을 다 만났다
그리고 하늘의 이야기도 했다
현악 4중주 〈아메리카〉
2악장을 들으며
외로운 무덤을 떠났다

매화나무집

늙고 병든 매화나무 세 그루가 있어서
매화나무집이라 했다
그 집엔 매화나무처럼 늙은
노인이 한 분 계셨다
그 노인은 매화꽃 철이 되면
사랑방 벽에 몸을 기대고 앉아
대금을 부는 것이다
잠이 없는 노인에겐
새벽도 없었다
대금 소리를 듣는 마을 사람들은
매화꽃 철이 되었구나 했다
대금이 잠들고 나면
그 늙은 나무에
꽃이 몇 송이 피곤했다
그 마을을 떠나
35년 만에
다시 돌아왔을 땐
세 그루의 매화나무도

대금을 불던 노인도
그 집엔 없었다
마을 사람들은 그래도 그 집을
매화나무집이라 했다
시인이 살다 간 집도
시인의 집이라 불러 줄까
매화나무가 없는
매화나무집처럼—

새벽 바다

새 아침의 태양을 보려고
설악이 가까운
바닷가에 섰다
태양은 구름 속에 숨고
바다엔 눈이 내린다

태양을 받으려 든 손을 펴
눈을 받는다
싸늘하다
손바닥에 쌓이는 것은 눈이 아니다
파도소리뿐이다
눈보다 찬 파도소리

너는 늙지 않고
병들지 않았구나
1935년경
함경북도 명천군 황진리
물새처럼 외로웠던 내 손바닥에

내리던 함박눈
파도소리

지금 내 전신을 흔들고 오는
이 종소리는
신라의 에밀레종이 아니다
신년 하늘에
불을 켜는
보신각종도 아니다

성진 제일교회
그 교회 앞뜰에서 울리던
구원의 종소리가

태양은 눈에 묻히고
눈은 종소리에
잠이 든다

하루

가고 있다
가면 돌아오지 않는다

저 꽃 한 송이

네가 없었더라면

저녁노을이 저렇게
찬란하진 않았으리라

제4부

사랑하면 닮는다

겨울 바다

다 버리고
가 버렸다
겨울 바다만 남고
모래 위에
젖은 발자국들이
눈을 감지 않는다

눈 내리는 소리

눈이 내리는 소리는
어느 마을의 발자국 소리

네가 내 곁을 떠나던 날
그 발소리 위에
눈이 내리고

어디쯤 가고 있느냐
눈이 내리는데
소리도 없이

눈은 울고 있구나
네 마지막 음성이다
창 앞에
피아노와
바이올린이 울고 있구나

물[水]

물은
사랑이다
생명나라의 어머니
영원 속에 있다

생명

흙에서 나고 거기서 사는
나무와
풀은
흙을 닮지 않는다

풀과 나무에서 피는
꽃은
잎새들보다 아름답다

마음은
상념의 바다
물결은 쉬지 않는다
높고 위대한 파도는
사랑이다

꿈이 있어라

꿈속에서
날고 있었다
별들의 날개를
꿈의 손으로 옮기어 심었지
아! 아침이 열리면
꿈은 눈을 감는다

영원하라 '송파'
— 축시

그 빛나는 모습 구름 위에 있어라
백조들이 바람의 날개를 펴고
천 년을 날았거니
이제 다시 천 년을
내일 안에 두리라

송파의 하늘이 평화의 바다로
파도칠 때
우리들은 깃발처럼 손을 들어
여섯 대륙의 내일을
밝아 오는 21세기
그 장미꽃 밭에 있게 하리라

강물은 운명이 아니다
시간은 역사에 지배되지 않고
백제 하늘에 채운이 빛나고 있을 때
그림 같은 산과 들에는
송엽으로 이름한 송파

풀잎 꽃잎 끝이 없는 호수요
다시 바다였지
신라의 화랑이며
고구려의 젊은 나무들이
송파를 찾았지
이제 말하려나
이 땅의 하늘이여

1988년 9월
송파구 서울 대한민국
여기서 세계 평화의 문을 열고
20세기를 가장 크게 빛낸
서울올림픽이 꽃피다
백억의 별자리들이
송파 하늘에서 하나로 눈뜨고
일어섰다
송파는 서울의 송파이며
세계의 송파가 되다

서울올림픽이 남긴 역사의
큰 발자국들을
송파는 어제엔 보석이고
내일엔 태양으로 지키고
바람이 구름을 밀어내듯
송파의 옷자락을
영원 위에 두라

물리학자의 말

20세기 초엽에
세계적인 물리학자가
어느 나라에 있었다

그가 남긴 저서 속에
다음의 말이 있었다

종교는 이미 신神을 찾았다
철학은 아직도 신을 찾지 못했다
과학도 신을 찾지 못했다
(여기서 신은
하나님이란 뜻이다)

그러나 앞으로 한 백 년쯤 가면
철학과
과학이 신을 찾게 될 것이다

그날이 오면
종교와 철학과
과학이 어깨를 걸고
나란히 행진할 것이다
그렇게 기록으로 남겼다

지금은 21세기
그 학자의 말처럼
철학이나 과학이
신을 찾았을까?

사람의 눈은 하나이지만
그 눈의 역할은
네 가지로 구분할 수 있다
종교적인 눈(영안)
심리적인 눈(심안)
지적인 눈(지안)
세욕적인 눈(육안)

영안을 갖지 못하면
신을 볼 수가 없다

추상의 그림

은행나무 잎이 지고 있습니다
밤에 바람이 불더니
비도 내리고
손바닥 같은 우이동 길 위에
다양한 화풍의 회화들이 그려졌습니다
낙엽으로 그린 그림

비둘기 몇 마리가
낙엽을 헤치며
무엇을 찾고 있습니다

장호 시인이
새로 변신하여
잃어버린 우이동 50년을
찾고 있는 것인지
작은 백자 우정의 잔에
우이천 물소리를 따르고 있는지

비둘기야
지금도 은행잎이 지고 있습니다
비둘기처럼 나도
낙엽을 헤쳐 봅니다

발에 밀리는 나뭇잎 소리는
흡사 폴 발레리의 시
「해변의 묘지」를
어느 시인이 원어로 낭독하는 소리 같습니다

구름이 낮습니다
우이동 시인들을 생각해 봅니다
이생진 박희진
임보 홍해리 황도제
물소리 같은 시인들
내일은 저 하늘의 구름이
더 높게 뜰 것입니다
오늘처럼 비둘기도 날아오려나

사랑하면 닮는다

생명처럼 사랑하는 대상이 있으면
그 모습과 마음까지
그 사랑의 대상을 닮는다

나비는 꽃의 모습을 닮았다

새는 나뭇가지와 잎을 사랑하여
새의 다리는 나뭇가지를 닮았고
날개는 잎을 배웠다

호수를 사랑하는
별은
밤마다 호수에서 뜨고
잠든다

예수를 스승님으로 가장 많이 따랐던
베드로는
"모든 육체는 풀과 같고

그 모든 영광이 풀의 꽃과 같으니
풀은 마르고 꽃은 떨어지되
오직 주의 말씀은
세세토록 있도다"

오늘 나는
누구를 따르고 또 누구를 배워야
이 적막한 세상을 배우지 않을까?

운명론

운명아
너 좀 비켜라
나 좀 나간다
마테를링크

운명은 있는 것일까
있다고 생각하면 있다
없다고 생각하면 운명은 없다

운명은 신앙이 아니다

이오카스테 주검 앞에서
안티고네가
아버지 이제 우리는 영원한 방랑의 길을
떠나야 합니다
이것이 우리들의 운명입니다

오이디푸스 왕

내 앞에서 운명이란 말은
하지 말아라
운명은 없다

2천 몇백 년 전에
운명의 싸움이다

운명은 있는 것도
없는 것도 아니다
그저 운명이란 말이 있을 뿐이다

변신한다

존재하는 모든 것은
시간 안에서
변신한다

산은 낮아지고
바위는 모래가 된다

너와
나는 구름
바다 또한 바람이다

5월은
모란꽃 한 송이

그러나 볼프강 아마데우스 모차르트의
음악정신과
도스토예프스키의 문학정신은
이 지구가 시간 안에서

몇 번이고
변신한다 해도
그들의 정신은
변하지 않을 것이다

정신은 물체가 아니다
변하는 것은
물체뿐이다

제5부

한강

한강 · 1

강은
흐르는데
강 위에 떠 있는 별은
흐르지 않네

흘러가는 것은
물거품 두 방울

별은
다시 그 자리에
떠 있겠지만

두 방울의
물거품은
어디에 가
있을까

한강이여 말하라

너는 언제나
그 자리에 있구나

흐르는 것은
구름과
두 방울의
물거품뿐이다

다 흘러가는 것을
사랑하는 사람아
그대의 모습이 흘러간다
그대의 시간이 강물로 흘러간다
아니다
그뿐이 아니다
우리들의 사랑도
강물처럼 흘러간다
우정도 흘러간다
너와 같이

나뭇잎 배를 띄우고
사랑으로 먼 날의 하늘을
우리들의 것이라 약속도 했지
돌아보면
아무것도 보이지 않고
아득하고나 모두 아득한 하늘이여

옛날이라고 말하리
노들의 살구꽃잎을
백제 여인의 치마폭에 담아
강물에 날렸지
그 꽃잎마다에 소원을 담았지
흘러가라고 그리고 다시 돌아오라고

소원은 끝내 소원으로
끝나고 마는가
돌아오라
그 언덕에 다시 꽃 피듯이

사람아

무엇이 되기를 원하고 있는가

흐르지 않는 물속에 산 그림자

구름은 흘러가도

그의 발자국을 남기지 않는다

우리들이 남겨 놓은

사랑의 발자국은

하늘에 투영되어 남아 있을까

저 그리스의 바다

지중해

이오니아의 바다 그 깊은 파도라

하여 두라

꿈같은 파도 지중해

나는 거기서 나의 강 꿈의 강

옷깃을 날리며

생각했노라

다시 또 한 번 한강

작은 바닷돌 한 개를 얻어
우리들의 가슴을 열고
거기에 던져두었지
돌은 이국의 강물 속에서
고향의 노래를 불렀으리라
우리들은 그 돌을 물에서 건져
구름 날개에 실어
지중해 이오니아 바다로
돌아가게 했다

한강 · 2

오! 민족의 강
한강이여!
천 년을 흐르고 다시 만 년을 흘러도
구비마다 유유하구나

최초의 생명이 솟아나고
바위가 열려 물이 솟고
그리하여 강이 되어 평야를 이루고
도시를 펴고
이어 살아가는 천만대
산이 들이 되고
바다가 뽕나무 밭이 될 때까지
흘러갈 아! 겨레의 강

빛나는 민족의 강아
구비마다 기적이 일고
역사의 꽃이 피고 다시 지기도 했다

한때는 노들의 복사꽃이 피고
하늘나무 뽕잎이 나라를 풍요롭게
물들이기도 했었지
인심은 순후하여
한 이웃이
가족이기도 하였지
모두 이 강 노들의 깊은
강심의 덕이기도 하였지

이적이 강을 넘어 역사를 침노할 때
언제나 우리의 한강은
성이 되고
방패가 되었지
만 년 민족의 역사가
이 강에서 피었느니라

겨레는 강심에 있고
강심은 겨레의 마음에 있었느니

민족이 강이요

역사의 강

겨레의 삶터가 강이었다

다함이 없어라

끝이 없어라

민족의 마음 밭에 영원으로 꽃피는

아! 강이여

저 수원에 긴 역사

몇백 리라던가

그것은 사랑으로 가슴을 열고

날개의 구름을 실어

다함이 없는 긴 여로

우리들의 삼국

신라이고 백제

다시 구름의 나라 고구려

우리는 하나이지

언제까지나 하나이지
둘은 아니고
셋은 더 아니다
민족의 마음도 강물같이
하나로 흘러라

저 노랫소리
강물 위에 뗏목이 흐른다
아우라지 아우라지
우리는 어디까지 흘러갈까
이 강물이 끝나는 곳에
이 구름의 깃발도
멎으리라
산이 간다
강물이 간다
구름도 간다

그렇다고 말해 두라

강물을 타고

뗏목을 타고

구름을 타고

다시 우정과 사랑을 타고

우리들은 어느 나라 민족인가

두 나라는 아니로세

세 나라는 더욱 아니로세

우리는 하나 통일된 한나라

마음이 하나이다

하늘이 하나이다

구름도 하나이다

아! 강물도 하나이다

어찌 우리들의 마음도 하나이지 않을까

한강은 어느 하늘에도

하나의 강이다

한강 · 3

한강은
인류의 시조들이 이 강변 한곳에서
눈을 뜨기 전부터
흐르고 있었다
그리고 한 민족문화의 꽃을 피게 한다는
기대와 약속을 보여 주고 있었다

구름이 뜨고
별들이 솟아나고 태양이 쉬지 않았다
강변에 풀이 솟아나고
몇 그루의 나무들이 바람을 막고
강심에 뿌리를 내리는 것도
인류 시조들에게 행복을 주려는 것이요
또 먼 훗날 이 강을 다스릴 민족들에게
해와 달을 주려는 그날을 위하여
강이 뿌리를 내리는 것이다
그것이 강의 마음이리라

여기서 먼 헤브루스 강에
요정들이 오르페우스의 몸을 찢고
그것을 헤브루스 강에 던졌다
이 강은 처음부터 생명을 해치고
그것이 자라
투쟁의 끝이 없는 내일을
하늘에 선언한 것이다
그리고 시작한 것은
레베트라의 언덕이다

거기 하늘의 악기 리라를 타던
손을 묻는다
그 언덕에서 우는 새들은
가장 슬프게 운다고

이런 강들은 인류와 투쟁을 목적으로
하고 있지만
우리들의 강은 강변 생명을 두고

살아가는 이웃들에게 평화 행복을
나누기 위하여 있는 것이다

수나라가 삼십만 대군을 몰고
고구려를 쳐들어 왔으나 우리 군에게
크게 패하고 후퇴할 때
강의 깊이를 몰라 헤매고 있었지
승복을 입은 스님 칠 명이 발을 걷고
강을 건너는 것을 보고
강이 깊지 않은 줄 알고
강을 건너려다 몰살했다는 기록을
보며 강의 은혜로움을 알았으리라

부르고 있다
강변의 모든 생명체들에게
귀를 열라고
강은 의미 없이 소리 내며
흘러가는 것이 아니라고

강이 흐르는 몸짓과 의로운 소리엔
강변에 존재하는 것들의 수없는
귀들에게
행복과 평화를 그리고 자유를
바람에 실어 보내노라고 말한다

지혜의 강물 소리를 듣는
강 가족들에게
영원한
행복이 있으리라

임진왜란 때
권율 장군을 도우라고 하늘의 명령이
배를 몰아 화살을 싣고
행주산성을 지켰다
장군의 지혜는 강물
태양이 솟아오르고
달이 지며

별들이 다시 눈을 뜨는 것은
역시 강물의 시정詩精의 힘이거니

동강이 서강과 모여
남한강이 되고
북한강과 하나가 되어
한강이다

오랜 그보다 더 오랜
검은빛으로 물들어진
삼국 시절
그들의 젊은 기백이
강물 위에서
찬란히 빛나고 있었다

이 한강은
삼국 중에서 백제의 가슴을
크게 열어 주고 있었다

세 나라의
젊은 꿈들을 하나의 별빛으로
모아 가슴 위에
별들의 호수로 눈 감지 않았다

굽이치는 물결 위에
뗏목을 묶어 배로 삼고
젊은 가슴들의 노래로 힘을 키웠느니
젊은 가슴들이 모이면
각기 내 나라의 강물이라
찬란한 보석을 버리지 못하듯
싸움이 없는 소망을 갖는다
영원하라
모래가 다시 바위가 될 때까지
그리고 풀포기가 나무가 되고
그 나무가 다시 풀포기로 돌아갈 때
그날을 이 땅에서
보게 되는 날을 기다리고 있으리

우리들의 강물이 끝이 없이 흘러
그 물소리가
말이 되어
시로 날개 펴는 날을
기다리고 싶다

그날이 오면
이 땅의 강물들은
하나의 강물로 구름이 되리라

시작과 끝은 두 개의 개념이 아니다
하나의 개념 안에
두 개의 형태가 있을 뿐이다
강물은
영원한 사랑의 대상이다
내가 그를 시간 안에 두지 않듯이
강물도 나를 시간 안에
두지 않으리라

한강 · 4

동강과 서강이 서로 만나
남한강을 이루고
소양강이 흘러
두 개의 강이 하나가 된다
그곳을 양수리

봄이면 꽃을 싣고
구름을 싣고
바람을 싣고
사랑을 싣고
인정을 싣고
풍속을 싣고 흐르는
낭랑의 강아
말하라
잊지 못할 슬픔의 추억은
무엇이냐고

강물은 울고 있다

울면서 흘러간다
울면서 강물은 말하고 있다
1950년 6월 25일
나는 보았다
여기 자리한 지 몇천만 년
다시 몇억 년이나 흘렀는지
말하리라
그날 같은 슬프고 아픈 기억은 없었다고

어린 꽃잎들과
칠월 같은 나뭇잎들
그들은 울면서 울면서 흘러갔다

강물은 말하고 있다
그러한 슬픈 역사는
이 강물에 다시는 없으라고
철새들이 먼 나라의 연정을
실어 오면 한강은 사랑의 강이다

몇 년 전의 일이다
한강의 밤풍경을 싣고
배를 띄웠다

밤하늘의 달빛이 무겁도록
머리에 담으며
한강의 시와 밤하늘의 시를
가슴에서 퍼 올려
강물에 흘렸다

아! 영원하라
우리들의 조국이여 영원하라
다시 빛나라
그리고 영원하라
사랑의 강 우리들의 강
한강이여 영원하라
시인들의 가슴에서
시를 길어 올려

강물에 흘려보냈다
그날 밤

다뉴브 강을 사랑하는
한 시인이
우리의 강 한강을 밤 풍경으로 덮고
보았다네
그의 고향 친구에게
편지를 바람에 날렸는데
그 편지 속의 한마디의 말
친구여 나는 이제 비로소
강 같은 강 한강을 보았다네

비엔나 숲 속에 있던 바람도
이 한강변에 와서
한마디의 말
한강의 밤 풍경을 보지 못했으면
아름답다는 말을 사용할 곳이

없었겠노라고
나의 조국 우리들의
서울
그리고 한강이여—

잃고 있던 역사를 찾아라
한강이여!
이적의 발자국을 몰아내고
여기 빛나는 역사의
내일을 찾아 들이라
저 임진왜란과
병자호란
그리고 침략의 36년 하늘의
역사를 찾아라

조국의 서울 그 가슴으로
흘러가는 나의 강
한강이여

그 빛으로 그리고 날개로
영원하라
다시는 어떤 이적의 발길도
단호하게 밀어내고
영원한 가슴속에 찬란하게
영원하라

한강 · 5

생명체들은 다 물을 생명체로
하고 있다
이 지구엔 모든 생명들이 있기 전에
물이 먼저 있었다
그 물을 먼저 다스리는 사람들
지혜롭고 행복하게 살아갔다

물을 다스리는 지혜가 없는 사람들은
불행하게 살았다
바다를 다스리는
사람들은
그 바다에서 보물을 건져 올리지만
바다를 공포의 대상으로 본 국민들은
가난하고 못살았다
우리의 한강도
놀이터와 공포의 대상으로 생각했다

물을 알고

강을 다스리자
우리들의 행복을 이 강
한강에서 찾자
한강은 변하고 있었다
이 의지와 노력이
한강의 물을 맑게 하고
물빛을 더 푸르게 했다
우리의 한강이 변해 갔다

댐을 쌓아 홍수를 막고
전력을 찾아내고
다리를 놓아 교통의 꽃을 피게 하고
모래의 강변에
고층의 건물을 세웠다
지혜는 행복으로 가는 길이요
무지와 게으름은 불행의 파도를
부르게 했다
아! 지혜로운 국민아

물을 막아

수혜를 줄이고 전력을 생산하고

구름을 헤치며

물고기들이

하늘을 가고

철새들이 날개로

강물을 덮고 있었다

남한강과 북한강

댐을 막아 강을 다스린다

강변에 길을 내고

강물 위에 다리를 놓아

강남과 강북의 거리를 줄이고

교통의 구름길을

풀잎으로 피게 했다

빗발처럼 쏟아지는

차량과 차량

한강의 신화는

꿈이 아니다

여의도의 개발
공원 안의 호수에는
한낮에도
잉어 떼가 구름을 갈고
그림자로 피어나는
신도시의 찬란한 모습은
서해 바다에
그림으로 살아난다
오! 우리들의 한강

강물에
수없이 자리한
새 교량들을 불러 보자
사랑의 다리
구름의 다리
노을의 머리카락

아 아름다워라
고향의 길 위로
꽃잎이 달리고 있다

강물을 따라
배를 흘리며
한강의 야경을 보라
이 땅 어디에서도 볼 수 없는
아름답고 황홀한 화폭이다
그림을 보라
한강의 밤 경치는
그대로 그림이다
빛의 숲 속이다

폴란드의 시인이 말했다
서울은
연인같이 아름답다고요
가 보고 싶다고

그리고 도시 안으로 흐르는
한강은 바다 같다고요
그 사랑의 강을 가 보고 싶다
한강은 마음의 강
흐르고 있다고 말했다

시인 황금찬/黃錦燦

1918년 강원도 속초 출생
1947년 월간『새사람』과 1948년『기독교 가정』에 시 발표하기 시작
1953년『문예』와『현대문학』으로 등단
시　집:『현장』,『떨어져 있는 곳에서도 잊지 못하는 것은』,『물새의 꿈과 젊은 잉크로 쓴 편지』,『구름은 비에 젖지 않는다』,『행복을 파는 가게』,『옛날과 물푸레나무』,『아름다운 아침의 노래』등 총 35권과 산문집『행복과 불행 사이』,『너의 창에 불이 꺼지고』,『들국화』,『모란꽃 한 잎을 너에게』,『창가에 꽃잎이 지고』,『나의 서투른 인생론』,『나는 어느 호수의 어족인가』등 24권이 있음
수　상: 월탄문학상, 대한민국문학상, 한국기독교문학상, 서울시문화상, 대한민국문화예술상, 대한민국문화보관훈장 외 다수

고향의 소나무

지은이 ｜ 황금찬
펴낸이 ｜ 설보혜
펴낸곳 ｜ Poetics 시학
1판 1쇄 ｜ 2008년 6월 30일
출판등록 ｜ 2003년 4월 3일
주소 ｜ 서울 종로구 명륜동1가 42
전화 ｜ 744-0110
FAX ｜ 3672-2674

값 10,000원

ISBN 978-89-91914-46-9 03810

* 저자와의 협의에 의해 인지를 생략합니다.
* 잘못된 책은 바꾸어 드립니다.